Alexander Röhrig

Microsoft SharePoint® Lösungspaket zur Visualisierung von Geostandorten

GRIN Verlag

Bibliografische Information der Deutschen Nationalbibliothek:

Die Deutsche Bibliothek verzeichnet diese Publikation in der Deutschen Nationalbibliografie; detaillierte bibliografische Daten sind im Internet über http://dnb.d-nb.de/ abrufbar.

Impressum:

Copyright © 2010 GRIN Verlag GmbH
Druck und Bindung: Books on Demand GmbH, Norderstedt Germany
ISBN: 978-3-640-77295-7

Dieses Buch bei GRIN:

http://www.grin.com/de/e-book/160755/microsoft-sharepoint-loesungspaket-zur-visualisierung-von-geostandorten

Sommerprüfung 2010

Projektbericht

Microsoft SharePoint® Lösungspaket zur Visualisierung von Geostandorten

Alexander Röhrig

Inhaltsverzeichnis

1 Projektbeschreibung

1.1 Einführung

Der Kunde (richtiger Kundename darf namentlich nicht genannt werden) ist ein erfolgreiches Unternehmen im Gesundheitsgewerbe mit mehreren Standorten in der Region Norddeutschland. Der Kunde betreut Therapiepatienten im Rehabilitations- und Präventionsbereich.

Zu den Aufgaben der Verwaltungsabteilung gehören u. a. die Planung und Durchführung von Abhol- und Bringediensten für Patienten, die die jeweiligen Therapiestandorte eigenständig nicht erreichen können.

Aufgrund der Vielzahl von Patienten, deren Abholorte ein große räumliche Ausdehnung zueinander besitzen sollen die Fahrtrouten mit einem unternehmensweit einsetzbaren System optimiert werden.

1.2 Projektanstoß

Im vergangenen Jahr hat der Kunde eine Kollaborationsplattform auf Basis von Microsoft Windows SharePoint® Services 3.0 im Unternehmen etabliert. Die Webanwendung dieser Plattform bietet berechtigten Mitarbeitern Zugriff auf gemeinsam genutzte Ressourcen wie Dokumente, News- und Kalendereinträge sowie Adressinformationen. Der Wunsch nach Einbindung der bereits vorhandenen Adressinformationen in eine Lösung zur Visualisierung von Patientenstandorten ist ein wichtiger Schritt der Optimierung von Arbeitsprozessen und damit eine Reduzierung von Kosten.

In einer ersten Realisierungsphase, die im Rahmen dieser Projektarbeit abgedeckt wird möchte der Kunde die Standorte der Patienten auf einer Geokarte visualisieren.

1.3 Projektumfeld

Das Projekt wird in der Abteilung „Software-Engineering" der Firma EVES Information Technology AG durchgeführt. Es ist ein Projekt in enger Zusammenarbeit mit dem Kunden.

Projektleiter und Ausführender ist Alexander Röhrig, Auszubildender im Beruf Fachinformatiker - Fachrichtung Anwendungsentwicklung. Projektverantwortlicher ist der Ausbildungsleiter Martin Bravin.

2 Planungsphase

Die Planungsphase enthält Projektplan, Ist Analyse und Soll-Konzept (Pflichtenheft).

2.1 Projektplan

Die folgende Auflistung stellt das Gesamtprojekt mit den Aufwänden der einzelnen Teilschritte dar. Der **Gesamtaufwand beträgt 70 h**.

Projektphase	Soll-Stunden
Ist-Analyse	8
Soll-Konzept	9
Implementierung	25
Testing	10
Dokumentation	10
Projektbericht	8
Gesamt	**70**

Die Teilaufgaben des Gesamtprojekts wurden in Microsoft Project 2007 übertragen (siehe Anhang B Pflichtenheft.

2.2 IST-Analyse

Prozess der Planung von Fahrtrouten

Der Planungsprozess wurde in einem halbstündigen Gespräch gemeinsam mit dem Verantwortlichen Projektleiter des Kunden besprochen. Das Ergebnis des Gesprächs lautete wie folgt:

Der Kunde nutzt für die Erfassung von Adressinformationen eine proprietäre Softwarelösung (Therapieorganisation – THEORG), die u. a. auch die Verwaltung von Abrechungsmodalitäten mit den Kostenträgern (Kranken- und Pflegekassen) übernimmt.

Die Patienten vereinbaren Termine für die Durchführung von rehabilitativen Maßnahmen, die in diese Software eingegeben werden.

Der Abholzeitpunkt muss von dem verantwortlichen Mitarbeiter ohne Kenntnis der genauen Patientenstandorte durch Visualisierung auf einer Karte manuell festgelegt werden.

Schlussfolgerung aus der IST-Analyse

Die Planung der Abholtermine erfolgt ausschließlich durch einen erfahrenen Mitarbeiter unter erheblichem Zeitaufwand.

2.3 Kostenplan

Die Kostenplanung beschreibt die Wirtschaftlichkeit der zu entwickelnden Software. Sie führt genauere Kostendetails auf.

Kosten-Stundensatz Entwicklung: 58,00 €
Kosten- Stundensatz Kunde: 40,00 €

Einmalige Entwicklungskosten

Projektphase	Zeitaufw. (h)	Kosten
Ist-Analyse	8	464,00 €
Soll-Konzept	9	522,00 €
Implementierung	25	1.450,00 €
Testing	10	580,00 €
Dokumentation	10	580,00 €
Gesamt	**62**	**3.596,00 €**

Vergleich Kosten für die Planung von Patientenrouten

	Altes Verfahren	Neues Verfahren
Monatlich (Zeitaufwand in h)	30	10
Jährlich (Zeitaufwand in h)	360	120
Kosten jährlich	14400,00 €	4800,00 €
Einsparungen jährlich		**9600,00 €**

Amortisierungsdauer

Entwicklungskosten : Ersparnis = Dauer
3596,00 € : 9600,00 € ≈ 4,5 Monate

Die Entwicklungskosten würden beim Einsatz der Software in etwa 4,5 Monaten gedeckt sein.

2.4 Soll-Konzept

Im Soll-Konzept werden die Anforderungen an das Projekt beschrieben. Es wird festgelegt ich welcher Form das Lösungspaket zu erstellen ist.

Im Folgenden werden die wesentlichen Punkte des Soll-Konzepts aufgezeigt. Die detaillierten Anforderungen sind in der Anlage B Pflichtenheft beschrieben.

2.4.1 Funktionalitäten

Auf die Geokarte soll aus dem Intranet (Windows SharePoint® Services Webanwendung) zugegriffen werden.

Die Adressinformationen für die Markerpunkte auf der Karte sollen in einer SharePoint Liste gespeichert werden sein.

2.4.2 Sicherheit

Der Zugriff auf die Adressinformationen unterliegt den allgemeinen Richtlinien für Datenschutz und Datensicherheit.

Es dürfen nur berechtigte Benutzer auf die Adressdaten zugreifen können.

Das Lösungspaket soll im Sicherheitskontext des SharePoint® System für die jeweils angemeldete Windows-Benutzeridentität laufen.

2.4.3 Integration in bestehende Intranetanwendung

Die Lösung soll sich vollautomatisch als ausführbare „exe" Datei in die SharePoint-Webanwendung integrieren lassen um dem Kunden eine anwenderfreundliche und kostensparende Installationsmöglichkeit zu bieten

3 Entwurfsphase

In der Entwurfsphase wird festgelegt in welcher Weise die erforderlichen Komponenten implementiert und welche Entwicklungsstrategien verfolgt werden.

3.1 Vorüberlegungen

Die Integration von Kartenfunktionaliät in eine bestehende WSS[1]-Webanwendung erfordert eine genaue Planung der benötigten Komponenten und ein detailliertes Wissen über die Architektur, Entwicklungskonzepte sowie über die Möglichkeiten der Integration des interaktivem Kartenmaterials.

[1] Windows SharePoint Services

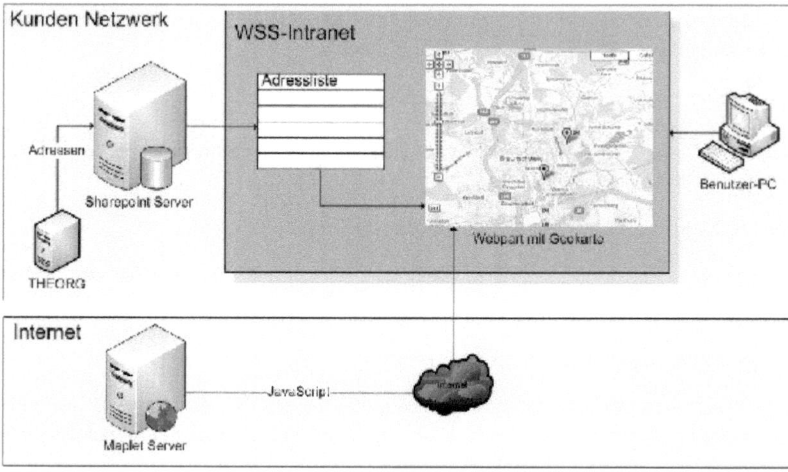

Abbildung 1: Integration der Geokarte in eine Intranetanwendung auf Basis von Windows SharePoint Services

3.2 Bestandteile des Lösungspakets

Das Lösungspaket wird als voll funktionsfähige Anwendungserweiterung[2] in einer beliebigen Webanwendung eines SharePoint Systems (Version 3.0) integrierbar sein.

Nach der Installation und Aktivierung des Lösungspakets werden folgende Funktionalitäten laut Soll-Konzept in der Webanwendung bereitgestellt:

- Ein SharePoint-Webpart mit einer Google Karte und einer Bing Karte
- eine Maps-Adressliste für die Speicherung der adressbezogenen Standortinformationen aus dem THEORG-Programm
- Ein Adresslisten-Inhaltstyp, der an die Adressliste geknüpft ist und folgende Listenfelder besitzt: Name (Patientenname), Straße, Postleitzahl, Ort
- Eine Setup-Komponente, die das gesamten Lösungspaket auf ein SharePoint System installiert

[2] vergleichbar mit dem Begriff Plugin oder Extension

3.2.1 Webparts[3]

Die Webparts stellen einen HTML/JavaScript-Container für die Darstellung der Karte in der Windows SharePoint Services Webanwendung dar.

Die Webparts werden mit der .NET Technologie entwickelt, der erstellte Code wird vom SharePoint System serverseitig ausgeführt und an den Webbrowser gesendet.

Bei der Entwicklung steht der komplette Funktionsumfang des Microsoft .NET Frameworks Version 3.5 zur Verfügung. Somit ist eine kostengünstige, robuste und vom Hersteller unterstützte Entwicklung möglich.

Karten APIs

Die Anbieter Google und Bing[4] stellen eigene APIs[5] zur Einbindung von interaktivem Kartenmaterial auf Webseiten zur Verfügung.

Die Funktionalität beider Kartensysteme ist weitestgehend identisch und umfasst u. a. folgende Funktionalitäten:

- Interaktive 2D-Darstellung von Straßen- und Geländeinformationen
- Zoom-In und Zoom-Out Funktion
- Darstellung von Markern bzw. Pins (Markerpunkte auf der Karte) auf Grundlage von Längen und Breitengraden oder Adressinformationen (reverse Geokodierung)
- Interaktive 3D Darstellung (z. b. Streetviews) nach zusätzlicher Installation eines Browser-Plugins

Die Nutzung der Google Maps API erfordert die Registrierung eines API-Schlüssels, was momentan noch kostenfrei[6] möglich ist.

Beide Anbieter bieten eine JavaScript-basierte Lösung an, die sich in bestehende Webanwendungen integrieren lässt.

Da mehrere Kartentypen unterstützt werden sollen muss von einer abstrakten Webpart-Basisklasse abgeleitet werden um einen höheren Programmieraufwand zu vermeiden und die Wartbarkeit des Codes zu erhöhen.

Die abstrakte Basisklasse „MapsWebpart“ leitet von *Microsoft.SharePoint.WebPartPages.WebPart* ab von soll gemeinsame Kartenoptionen wie

---

[3] Webpart: in C.NET entwickelte Container für HTML-Quellcode der serverseitig gerendert wird
[4] Microsoft Corporation
[5] Application Programming Interface
[6] Registrierung Google-Maps Api-Schlüssel unter http://code.google.com/apis/maps/signup.html

Höhe, Breite der Karten über ein Interface bereitstellen. Die abgeleiteten Klassen besitzen erweiterte kartenspezifische Eigenschaften, wie die Anzeige von Kartensteuerelementen und API-Keys, deren Implementierung über eigene Interfaces (~MapsWebpartProperties) erzwungen wird.

3.2.2 Maps-Adressliste und Content-Type

Die Maps-Adressliste ist eine SharePoint Liste, die durch eine separate Software mit den Adressdaten aus dem THEORG-System befüllt wird. Die Entwicklung dieser Lösung ist nicht Bestandteil der Projektarbeit.

Um eine höchstmögliche Flexibilität für den Endanwender zu ermöglichen ist die Änderung des Adressdatenbestands in der Liste auch nach dem Import mit dem THEORG-System möglich. Die Adressdaten müssen für die Visualisierung der Karte in einem bestimmten Format vorliegen, und vor der Speicherung validiert werden. Dafür wird ein SharePoint Content-Type (Inhaltstyp) für die Adressliste erstellt, der festlegt welche Feldwerte in welchem Datenformat in der Liste speicherbar sind.

- Name des Patienten (Textfeld, max. Länge 255 Zeichen)
- Strasse (Textfeld, max. Länge 255 Zeichen)
- PLZ (Textfeld, max. Länge 5 Zeichen)
- Ort (Textfeld, max. Länge 255 Zeichen)

Der Content-Typ stellt außerdem sicher, dass in den Formularen („Neue Adresse hinzufügen" und „Adresse bearbeiten" Eingabefelder für die Daten bereitgestellt werden.

3.2.3 Setupkomponente

Die Setupkomponente besteht aus der Anwendung **SharePoint Solution Installer**[7], einer XML-Konfigurationsdatei sowie die im WSP-Format gepackte Form des Codes für die Maps-Adressliste, des Content-Types sowie der Webparts.

Durch die Setupkomponente wird sichergestellt, dass alle Funktionalitäten auf dem SharePoint Zielsystem bereitgestellt werden.

Der **WSP-Builder**[8] (nicht Bestandteil des Lösungspakets) ist ein Visual Studio Add-IN und ermöglicht die Kompilierung des Quellcodes eines Visual Studio Projekts in eine WSP-

---

[7] Microsoft, http://sharepointinstaller.codeplex.com/ (Open-Source-Projekt)
[8] Free Software Foundation, Inc., http://wspbuilder.codeplex.com/ (Open-Source-Projekt)

Datei[9]. Es wird der Quellcode für die Webparts, den Content-Type sowie der Adressliste kompiliert.

Abbildung 2: Erzeugung und Installation des Lösungspakets

4 Implementierungsphase

4.1 Installation und Konfiguration der Entwicklungsumgebung

Die Erstellung des Projekt-Quellcodes erfordert eine entsprechend konfigurierte Entwicklungsumgebung.

Für die Installation der Entwicklungsumgebung wird ein virtualisiertes Windows 2003 Server System als Hostsystem aller Entwicklungskomponenten verwendet.

Eine vorkonfigurierte Entwicklungsumgebung (laut Anhang F Komponenten der Entwicklungsumgebung) wurde von der Abteilung IT & Mobile Solutions der Firma EVES-IT bereitgestellt und wird daher hier nicht weiter beschrieben.

4.2 Strukturierung Visual Studio Projekt Solution

Für die Erstellung des Lösungspakets wurde ein neues Visual Studio Projekt auf Basis einer WSP-Builder Projektvorlage erstellt (siehe dazu auch Anhang E Visual Studio Projektstruktur).

Ordner 12

Die Struktur dieses Ordners entspricht dem Filesystem der Windows SharePoint Services Webanwendung. Bei der Installation des Lösungspakets werden die erstellten Dateien (XML-Schemadefinitionen und JavaScripte) in die entsprechenden Ordner kopiert. Die Struktur stellt somit ein Mapping für die Verzeichnisstruktur der Windows SharePoint Services Webanwendung dar und ist für die Integration des Lösungspakets unbedingt erforderlich.

Ordner WebpartCode, FeatureCode

In diesem Ordnern wird der C# Code für die .NET basierten Funktionalitäten des Lösungspakets erstellt.

---

[9] WSP – Windows SharePoint Solution Package

4.3 Entwicklung der Webparts

Durch Überschreiben der virtuellen Funktion „CreateChildControls" der Basisklasse „MapsWebpart" kann JavaScript-Code für den Webpart Container bereitgestellt werden, der auf der SharePoint Webanwendung angezeigt wird.

Der JavaScript-Code wird dynamisch über ein Objektmodell (siehe Anhang E Modell für die Interaktion der .NET Klassen zur Zusammenstellung des JavaScript Codes) zusammengestellt. Wesentlich sind hierbei die Verbindungsklasse „Adresshandler", die Adressen aus der SharePoint Adressliste holt und diese Adressdaten dem „JSHandler" bereitstellt. Der „JSHandler" bereitet die Daten als JavaScript auf und übergibt eine Anfrage an die jeweilige Karten-API. Die Karten-API kann dann die Karte mit Markerpunkten für jede Adresse zurückgeben.

Durch dieses modulare Konzept der Kapselung der Basisfunktionalitäten konnte die sehr gute Wartbarkeit und Nachvollziehbarkeit des Quellcodes auch für andere Entwickler erreicht werden. Zudem ist es möglich über die entsprechende Sichtbarkeit von Klassen und Funktionen eine Wiederverwendbarkeit für Erweiterungen zu erreichen.

4.4 Maps Adressliste und Content-Type

Das SharePoint System benötigt eine XML-Schemadefinition für die Abbildung einer SharePoint Liste in der Webanwendung. Der Quellcode dieser Schemadefinition beinhaltet die wichtigsten Einstellungen für die Liste wie Name, ID, Inhaltstypen u. a.

Der XML-Code unterliegt einem vom Microsoft geforderten Schema und wird bereits von der Entwicklungsumgebung während der Designzeit validiert.

XML-Schemadefinition für Adressliste

Die Schemadefinition der Adressliste gibt an, in welcher Form die Adressliste auf dem SharePoint System bereitgestellt wird (siehe dazu auch Anhang Schemadefinition für den Maps-Adressliste).

XML-Schemadefinition für Content-Type

Die Erstellung des Content-Types erfolgt ebenfalls auf Basis einer XML-Schemadefinition.

Die Schemadefinition enthält über das XML-Element „FieldRef" alle Einstellungen über die Adressfelder, die in der Maps-Adressliste benötigt werden.

Das Attribut „ID" des „Content-Type" Elements wird in der Maps Adressliste referenziert. Damit wird eine Zuordnung des Content-Types zur Adressliste sichergestellt.

4.5 Zusätzlicher Quellcode

Für die Aktivierung, bzw. Deaktivierung des Lösungspakets in der Windows SharePoint Services Webanwendung wurde noch zusätzlicher Quellcode (FeatureReceiver-Code) benötigt.

Der Code übernimmt folgende Funktionalitäten, die die Integrität des Lösungspakets in der Webanwendung sicherstellen:

- **Aktivierungsfunktionen**
  Es müssen alle Bestandteile des Lösungspakets einzeln aktiviert werden, damit das Gesamtpaket in den aktiven Zustand gesetzt wird.
  Es wird überprüft, ob die SharePoint Anwendung alle benötigten Voraussetzungen (Konfigurationseinstellungen, abhängige Features) bereitstellt, bevor das Lösungspaket aktiviert werden kann.
- **Listenfunktionen**
  Erstellung der Listeninstanz der Maps Adressliste nach Aktivierung des Maps-Lösungspakets sowie einen Link in der SharePoint Navigationsleiste
- **Deaktivierungsfunktionen**
  Deaktivierung bzw. Entfernen aller Bestandteile (Navigationslink und Listeninstanz der Maps-Adressliste, Entfernen der Webparts und des Content-Types) nach Deaktivierung des Lösungspakets

5 Testphase

In der Testphase wurden sowohl die Integrationsfähigkeit sowie die Funktionalität des Lösungspakets getestet.

Alle Testfälle[10] wurden von Alexander Röhrig erstellt und von einer zweiten eingewiesenen Person durchgeführt. Diese Methode hat sich in vergangenen Projekten bewährt und ist ein allgemeiner Standard für Softwareentwicklungsprojekte.

Die Testfälle wurden in einem Testprotokoll aufgeführt und sind jeweils pro Testdurchlauf vollständig abgearbeitet wurden bis kein Fehler in der Anwendung mehr auftrat.

6 Projektbewertung

Die Projektbewertung beschreibt, ob alle Zielvorgaben und Zeitplanungen eingehalten wurden.

---

[10] siehe Anlage C Testprotokolle

6.1 Zielerreichung

Nach der erfolgreichen Einführung des Lösungspakets konnte die Reduzierung des Arbeitsaufwandes für die Planung von Patientenrouten durch den Kunden bestätigt werden.

Der Kunde hatte nach der Planungsphase den Wunsch nach der Einbindung eines zweiten Kartenanbieters geäußert. Dadurch ergaben sich geringfügig höhere Entwicklungsaufwände, die durch das Konzept der Ableitung einer abstrakten MapsWebpart-Klasse für beide Kartenanbieter ausgeglichen werden konnten.

6.2 Soll/Ist-Abgleich Projektphasen

Der im Antrag vorgestellte Zeitplan mit einem Gesamtaufwand von 70 Stunden wurde eingehalten. Der höhere Aufwand für die Implementierung konnte durch weniger Aufwand im Bereich des Testings ausgeglichen werden. Bereits zur Entwicklungszeit konnte durch Debuggen des .NET Codes in der Entwicklungsumgebung eine schnelle und effektive Implementierung gewährleistet werden.

Projektphase	**Soll-Stunden**	**Ist-Stunden**
Ist-Analyse	8	6
Soll-Konzept	9	7
Implementierung	25	32
Testing	10	5
Dokumentation	10	10
Projektbericht	8	10
Gesamt	**70**	**70**

6.3 Qualitätssicherung

Der erstellte Quellcode wurde zeitgleich mit der Erstellung mit Kommentaren versehen. Die Integrität der XML-Schemadefinitionen wurde mit dem Funktionstest auf Webanwendungsebene sichergestellt. Das SharePoint System erlaubt keinen fehlerhaften XML-Code. Fehler im Quellcode wurde vom SharePoint System in Form von Exceptions in der Webanwendung und im Eventlog des Servers angezeigt. Bei der Installation des Lösungspakets überprüft der Sharepoint Solution Installer den bereitgestellten Quellcode. Somit konnte die Installationsfähigkeit des Pakets vor der Auslieferung einwandfrei sichergestellt werden.

6.4 Änderungen gegenüber Projektantrag

Während des Projekts wurde vom Kunden ein zweites Kartenformat neben Google Maps gewünscht. Daher wurde das Projekt auch für die Bing Karte umgesetzt.

Aufgrund der verspäteteten Lieferung der vorkonfigurierten Entwicklungsumgebung konnte die Implementierungsphase erst eine Arbeitswoche später begonnen werden.

7 Fazit und Ausblick

Durch ein modulares Entwicklungskonzept wurde ein Lösungspaket zur Visualisierung von Geostandorten für eine Windows SharePoint Services Webanwendung erstellt.

Die Funktionalitäten des Lösungspakets ermöglichen die Visualisierung von Patientenadressen und tragen somit zur Kostenreduzierung bei der Planung von Patientenfahrten bei.

Der Kunde plant in der 1. Jahreshälfte 2011 ein Upgrade auf die neue SharePoint Version „SharePoint Foundation 2010“.

Die aktuelle Entwicklung des Lösungspakets unterstützt die neue SharePoint Version bisher nicht. Die Änderung der Schemata für die Adressliste und den Content-Type müssen auf die neue Plattform angepasst werden.

Weiterhin wird diskutiert eine Funktion zur Routenplanung zu implementieren, die von den Karten-APIs bereits grundsätzlich unterstützt wird.

8 Literaturverzeichnis

Alex Hommer, D. S. (2007). *ASP.NET 2.0 Illustrated Deutsche Ausgabe.* Addison Wesley.

Daniel Larson, T. P. (2008). *Windows Sharepoint Services 3.0 Programmierung.* Microsoft Press.

English, B. (2007). *Microsoft Office Sharepoint Server 2007.* Microsoft Press.

http://sharepointinstaller.codeplex.com/. (kein Datum). Von http://sharepointinstaller.codeplex.com/. abgerufen

9 Anhang

Der Anhang gliedert sich in folgende Bereiche

A Projektplan

B Pflichtenheft

C Testprotokolle

D Screenshots

E Klassendiagramm und Quellcodeauszüge

F Komponenten der Entwicklungsumgebung

G Kundendokumentation

A Projektplan

	Vorgangsname	Dauer	Arbeit	Anfang	Ende	Vorgänger
1	**Projektarbeit - Maps Lösungspaket**	**22,5 Tage**	**8,5 Tage**	**Mo 15.03.10**	**Mi 14.04.10**	
2	Projektbeginn	0 Tage	0 Tage	Mo 15.03.10	Mo 15.03.10	
3	**Planungsphase**	**1,5 Tage**	**1 Tag**	**Mo 15.03.10**	**Di 16.03.10**	
4	Ist-Analyse	0,5 Tage	0,5 Tage	Mo 15.03.10	Mo 15.03.10	2
5	Soll-Konzept, Pflichtenheft	0,5 Tage	0,5 Tage	Di 16.03.10	Di 16.03.10	4
6	**Entwurfsphase**	**4 Tage**	**1 Tag**	**Di 16.03.10**	**Mo 22.03.10**	
7	Entwurf erstellen	4 Tage	1 Tag	Di 16.03.10	Mo 22.03.10	5
8	Entwurfsphase abgeschlossen	0 Tage	0 Tage	Mo 22.03.10	Mo 22.03.10	7
9	**Implementierungsphase**	**9 Tage**	**3,5 Tage**	**Mo 22.03.10**	**Fr 02.04.10**	**8**
10	Lieferung Entwicklungssystem	7 Tage	0 Tage	Mo 22.03.10	Mi 31.03.10	2
11	Webpartentwicklung	2 Tage	1,5 Tage	Mi 31.03.10	Fr 02.04.10	10
12	Entwicklung Content-Type/Scher	2 Tage	2 Tage	Mi 31.03.10	Fr 02.04.10	10
13	Implementierung abgeschlossen	0 Tage	0 Tage	Fr 02.04.10	Fr 02.04.10	11;12;10
14	**Testphase**	**15 Tage**	**1 Tag**	**Mo 22.03.10**	**Mo 12.04.10**	**2**
15	Testprotokolle erstellen	1 Tag	0,5 Tage	Mo 22.03.10	Di 23.03.10	8
16	Tests durchführen	6 Tage	0,5 Tage	Fr 02.04.10	Mo 12.04.10	13
17	Testphase abgeschlossen	0 Tage	0 Tage	Mo 12.04.10	Mo 12.04.10	16
18	**Dokumentation erstellen**	**22,5 Tage**	**2 Tage**	**Mo 15.03.10**	**Mi 14.04.10**	
19	Projektbericht	2 Tage	1 Tag	Mo 15.03.10	Di 16.03.10	2
20	Kundendokumentation	2 Tage	1 Tag	Mo 12.04.10	Mi 14.04.10	17
21	Dokumentation fertiggestellt	0 Tage	0 Tage	Mi 14.04.10	Mi 14.04.10	19;20
22	Projektende	0 Tage	0 Tage	Mi 14.04.10	Mi 14.04.10	21

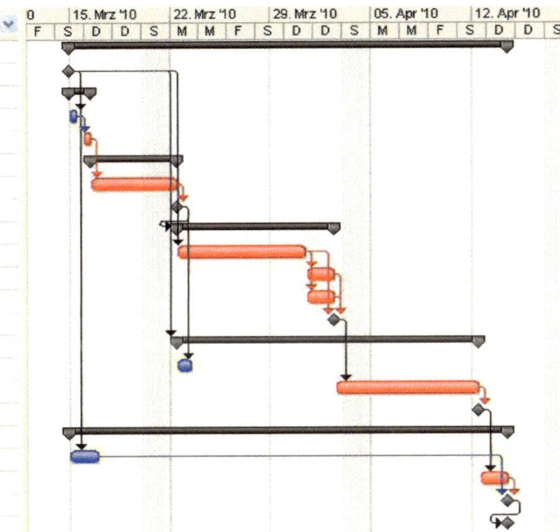

B Pflichtenheft

Zielbestimmung

Das Produkt soll die Planung von Fahrtrouten unterstützen und damit die Produktivität der ausführenden Mitarbeiter erhöhen.

Nach der Einführung der Windows SharePoint Services Plattform soll der Gesamtumfang der bereitgestellten Funktionalitäten erweitert werden, da sich die Mitarbeiter an die Nutzung gewöhnt haben.

Musskriterien

- Erreichbarkeit über integrierte Lösung im Intranet durch gängige Browser (IE 7.0, Firefox)
- Bereitstellung der Lösung durch Installationspaket
- Personenbezogene Daten dürfen nur für authentifizierte Benutzer zugänglich sein
- Lösung muss in allen Standorten des Kunden verfügbar sein
- Adressinformationen müssen editierbar änderbar sein

Wunschkriterien

- Auswahl verschiedener Kartenanbieter
- automatische Routenplanung

Abgrenzungskriterien

Die Bereitstellung und Synchronisation Addressinformationen erfolgt durch eine separate Software und ist nicht Bestandteil dieses Projekts.

Die Konfiguration zum Schutz vor personenbezogenen Daten erfolgt auf Basis des bestehenden Berechtigungssystems der SharePoint Plattform und muss bei der Entwicklung nicht berücksichtigt werden.

Produkteinsatz

Das Lösungspaket soll im Intranetbereich des Kunden eingesetzt werden.

Zielgruppe sind Mitarbeiter des Kunden, die auf das Intranet zugreifen können.

Produktumgebung

Das Lösungspaket wird auf SharePoint Services Hostsystem installiert.

Betriebssystem:	Windows 2003 Standard R2 oder Windows 2008

Hostsystem: Microsoft Windows SharePoint Services 3.0

Laufzeitumgebung: .NET Common Language Runtime 2.0

Webserver: Internet Information Services (IIS) 6.0

Entwicklungsumgebung: Visual Studio 2005 Professional

Schnittstellen

Zur Visualisierung der Adressinformationen wird JavaScript basierte Schnittstelle zu Google Maps und Bing-Maps verwendet. Die Daten werden direkt aus einer SharePoint Liste gelesen.

Funktionen

- Das Lösungspaket steht zur Installation mit SharePoint Solution Installer zur Verfügung
- Die Lösung steht als Websitefeature in allen Webanwendungen des Intranets zur Verfügung
- Die Lösung kann bei Bedarf in beliebigen Webseiten aktiviert oder deaktiviert werden
- Die Webparts können durch berechtigte Benutzer konfiguriert werden
- Die Adressliste ist über einen Link im Intranetbereich erreichbar

Globale Testfälle

- Installationsfähigkeit des Lösungspakets mit Solution-Installer testen.
- Aktivierung der Lösung testen.
- Darstellung der Karte testen.

C Testprotokolle

Test Nr.	Kategorie	Beschreibung	Testumgebung	Zustand vor Testfall (Vorbedingungen)	Sollzustand nach Test	Tester	Datum	Status/Bemerkung
1	Integration	Die WSP-Datei mit dem Lösungspaket soll mit SharePoint Solution Installer auf der Windows SharePoint Services Plattform installiert werden	WSS-Hostserver	WSS Anwendungsserver ist installiert	Lösungspaket wurde erfolgreich installiert	dbu	28.03.2010	ok
				Lösungspaket ist nicht installiert	Feature ist in Websitefeatures sichtbar			
				WSS-Administrationsdienst ist aktiviert				
					Feature kann aktiviert werden			
2	Integration	Das Lösungspaket wird von der kompletten Farm entfernt	WSS-Hostserver	Lösungspaket ist installiert	Lösungspaket wurde deinstalliert	dbu	28.03.2010	ok
					DLLs sind nicht mehr im GAC, SafeControls nicht mehr in web.config			
					Features nicht mehr im Feature-Katalog			

Test Nr.	Kategorie	Beschreibung	Testumgebung	Zustand vor Testfall (Vorbedingungen)	Sollzustand nach Test	Tester	Datum	Status/Bemerkung
3	Integration	Das Lösungspaket soll aktiviert werden. Damit stehen alle Funktionalitäten auf dem SharePoint System bereit	SharePoint Webanwendung	Feature Paket (Webparts und Paket) sind deaktiviert	Paket ist aktiviert	dbu	28.03.2010	ok
					Webpart Features werden automatisch mit Paket aktiviert			
					Webparts sind im Webpartmenü auswählbar			
					Maps Adressliste ist in der linken Menüleiste			
					Maps Adressliste ist mit Testdaten 2 Testdaten gefüllt			
					Maps Content-Type ist im Katalog für Website-Inhaltstypen			
4	Integration	Das Lösungspaket wird deaktiviert	SharePoint Webanwendung	Feature Paket (Webparts und Paket) sind aktiviert	Paket ist deaktiviert	dbu	28.03.2010	ok
					Webpartfeatures sind deaktiviert			
					Webparts sind nicht mehr im Webpartmenü sichtbar			
					Maps Adressliste ist nicht mehr erreichbar			
					Maps Content-Type ist nicht mehr im Katalog für Inhaltstypen			

Test Nr.	Kategorie	Beschreibung	Testumgebung	Zustand vor Testfall (Vorbedingungen)	Sollzustand nach Test	Tester	Datum	Status/Bemerkung
5	Webpart	Die Google-Karte kann über das Editorwebpart konfiguriert werden	SharePoint Webanwendung	Karte ist als Webpart auf einer Seite zugefügt	Kartengröße (Breite, Höhe in Pixel) kann eingestellt werden	dbu	28.03.2010	ok
					API-Key Referenz kann eingestellt werden			
					Startadresse (Straße, PLZ, Ort) kann eingestellt werden			
					Scale, Overview und Type kann eingestellt werden			
6	Webpart	Die Bing-Karte kann über das Editorwebpart konfiguriert werden	SharePoint Webanwendung	Karte ist als Webpart auf einer Seite zugefügt	Kartengröße (Breite, Höhe in Pixel) kann eingestellt werden	dbu	28.03.2010	ok
					API-Key Referenz kann eingestellt werden			
					Startadresse (Straße, PLZ, Ort) kann eingestellt werden			
					Scale, Overview und Type kann eingestellt werden			
7	Webpart	Instanzen der Kartenwebparts können zu einer Webpartzone zugefügt werden	SharePoint Webanwendung	Die Webpartseite für die zuzufügende Karte ist erstellt.	Karte ist im Webpartkatalog auswählbar	dbu	28.03.2010	ok
				Das Feature für das Lösungspaket ist aktiviert	Karte kann der Seite zugefügt werden			
					Karte wird mit Standardeinstellungen auf			

					der Seite angezeigt			
Test Nr.	**Kategorie**	**Beschreibung**	**Testumgebung**	**Zustand vor Testfall (Vorbedingungen)**	**Sollzustand nach Test**	**Tester**	**Datum**	**Status/Bemerkung**
8	Adressliste	Erreichbarkeit der Adressliste über linke Navigation	SharePoint Webanwendung	Das Feature für das Lösungspaket ist aktiviert	Das Link für die Adressliste ist in der linken Navigationsleiste sichtbar und verweist auf die Maps-Adressliste	dbu	28.03.2010	ok
9	Adressliste	Zufügen von Adressen und Visualisierung in Karte	SharePoint Webanwendung	Das Feature für das Lösungspaket ist aktiviert	Anlegen neuer Adressen über spezifischen Maps Content Type möglich	dbu	28.03.2010	ok
				Das entsprechende Kartenfeature ist aktiviert	Angabe von Name, Straße, PLZ, Ort in der Eingabemaske			
					Adresse wurde gespeichert und ist in der Liste korrekt eingetragen			
					Die Adresse wird als Markerpunkt auf der Karte dargestellt			

D Screenshots

Abbildung 3: Integration einer Bing-Maps Karte in eine Windows SharePoint Services Webanwendung mit Visualisierung von Adressen als Markerpunkte auf der Karte

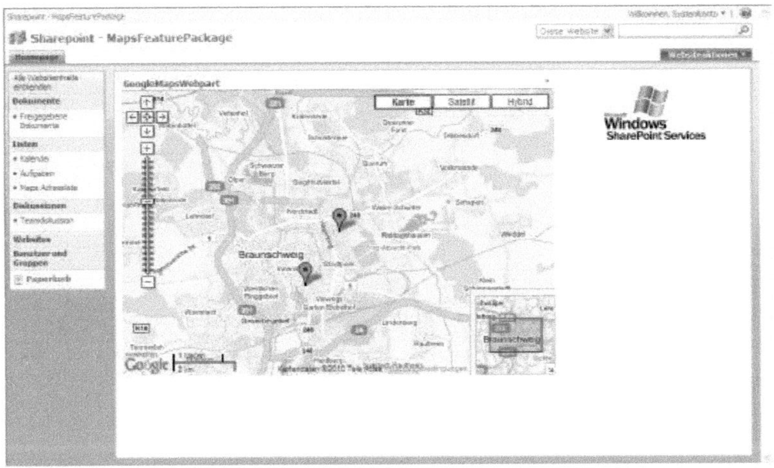

Abbildung 4: Integration einer Google-Maps Karte in eine Windows SharePoint Services Webanwendung mit Visualisierung von Adressen als Markerpunkte auf der Karte

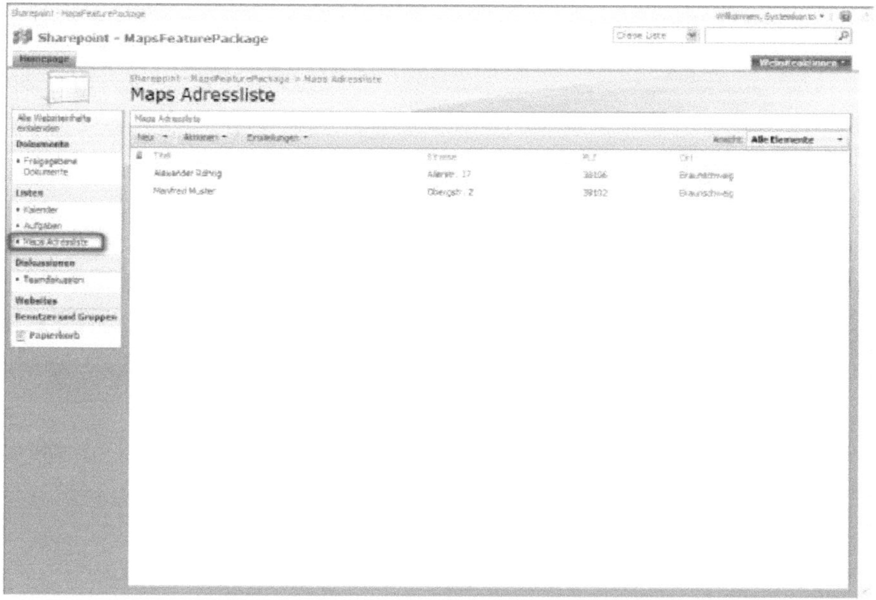

Abbildung 5: Maps Adressliste zur Eingabe von Adressinformationen

E Modelle und Diagramme

Strukturierung des Codes für die Bestandteile des Lösungspakets

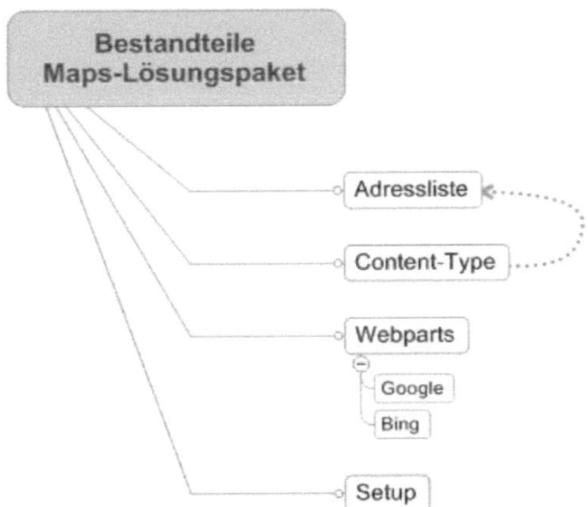

Abbildung 6: Bestandteile des Maps-Lösungspakets

Use-Case Diagramm

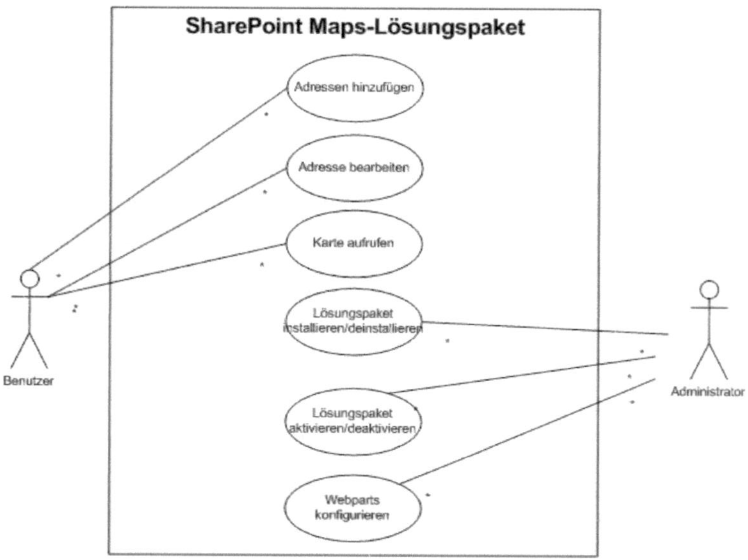

Abbildung 7: Use-Case Diagramm für die Funktionalitäten des Lösungspakets

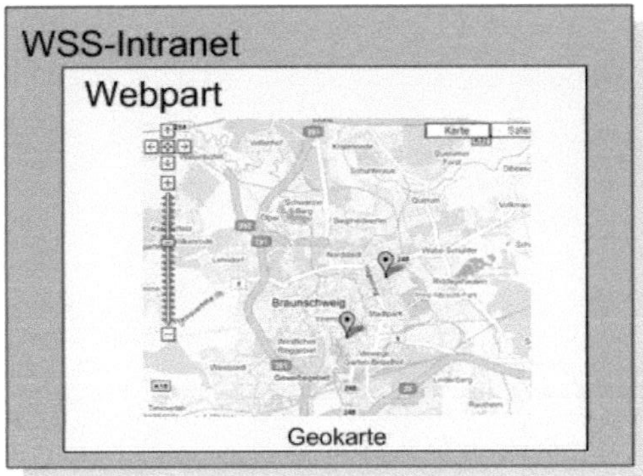

Abbildung 8: Schematisches Containermodell für das Hosten der Karte im Webpart einer Windows SharePoint Services Webseite

Vererbungsmodell für die Webpartklassen

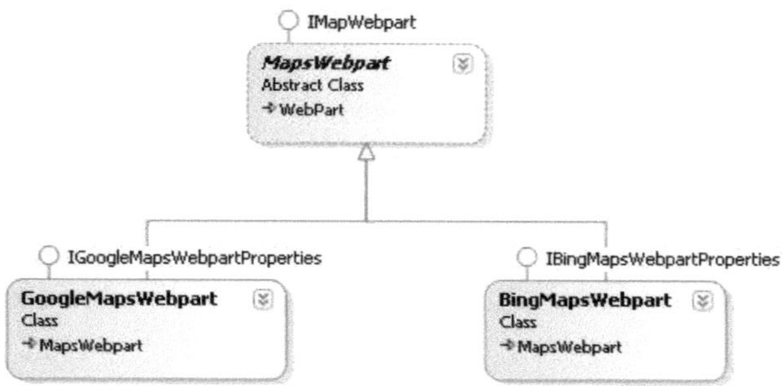

Abbildung 9: Vererbung der Klassen für die Kartenwebparts aus einer abstrakten Basisklasse

Modell für die Interaktion der .NET Klassen zur Zusammenstellung des JavaScript Codes

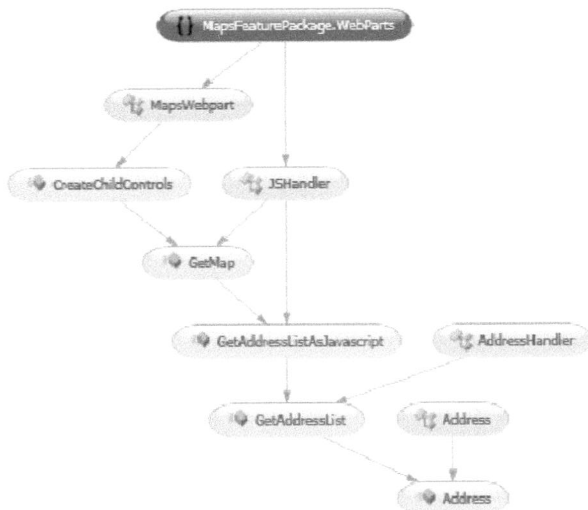

Abbildung 10: Modell für das dynamische Erzeugen von JavaScript-Code

Visual Studio Projektstruktur

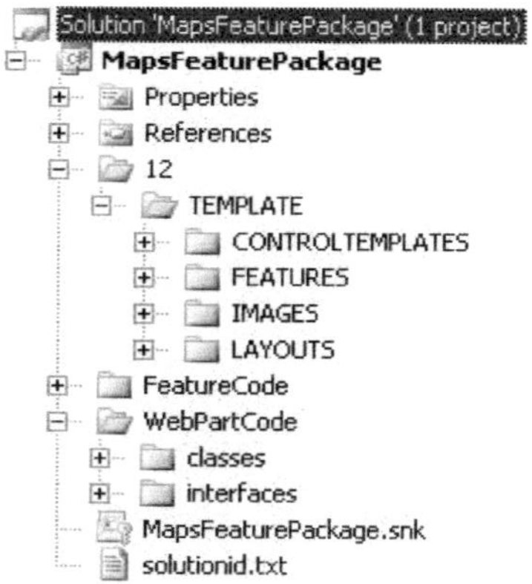

Abbildung 11: Projektstruktur im Visual Studio für das Maps Lösungspaket

Schemadefinition für den Maps-Content-Type

```
<?xml version="1.0" encoding="utf-8" ?>
<Elements xmlns="http://schemas.microsoft.com/sharepoint/">
  <ContentType ID="0x01DD" Name="Maps Adresse"
               Group="$Resources:List_Content_Types"
               Description="Fügt eine neue Adresse für die Karte hinzu">
    <FieldRefs>
      <FieldRef ID="{D34CB974-8F92-4982-BE1B-9FA1804E7A7B}"
                Name="Strasse"
                DisplayName="Strasse"
                Required="TRUE"
                ShowInNewForm="TRUE"
                ShowInEditForm="TRUE"
                Hidden="FALSE"
                Sortable="TRUE"/>
      <FieldRef ID="{8B1C8757-F20F-4040-B090-B99DAAB35C4D}"
                Name="PLZ"
                DisplayName="PLZ"
                Required="TRUE"
                ShowInNewForm="TRUE"
                ShowInEditForm="TRUE"
                Hidden="FALSE"
                Sortable="TRUE"/>
      <FieldRef ID="{A03BB3F4-D59E-4B4D-8DBD-1123CC5A47AD}"
                Name="Ort"
                DisplayName="Ort"
                Required="TRUE"
                ShowInNewForm="TRUE"
                ShowInEditForm="TRUE"
                Hidden="FALSE"
                Sortable="TRUE"/>

    </FieldRefs>
  </ContentType>
</Elements>
```

Schemadefinition für den Maps-Adressliste

```
<?xml version="1.0" encoding="utf-8"?>
<List xmlns="http://schemas.microsoft.com/Sharepoint"
      Title="Maps Adress Liste"
      FolderCreation="FALSE"
      Direction="$Resources:Direction;"
      Url="Lists/MapsAddressList"
      Name="Maps Adressliste"
      DisableAttachments ="TRUE"
      VersioningEnabled="TRUE"
      Id="{BOEED476-FC25-4331-8839-093DA9F4B202}"
      BaseType="0"
      EnableContentTypes="TRUE">
  <MetaData>
    <ContentTypes>
      <ContentTypeRef ID="0x01DD">
        <Folder TargetName="Eine neue Adresse zufügen"/>
      </ContentTypeRef>
    </ContentTypes>
    <Fields>...
    <Views>...
    <Forms>...
  </MetaData>
</List>
```

Abbildung 12: Quellcodeauszug aus der Schemadefinition der Maps-Adressliste

Klassen und Funktionen für die Aktivierung/Deaktivierung des Lösungspakets

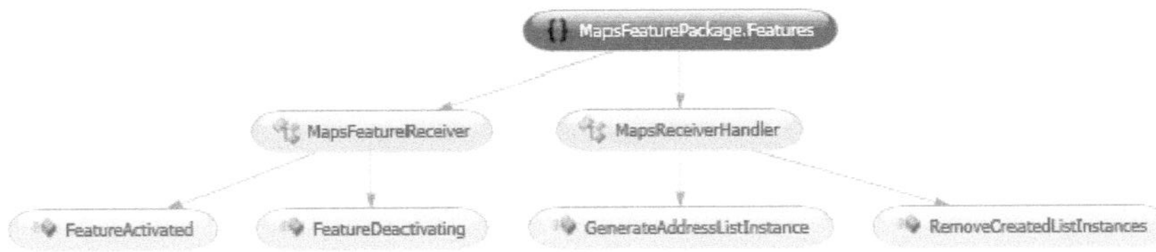

Abbildung 13: Objektmodell für die Aktivierungs--/Deaktivierungsfunktionen über das FeatureReceiver-Konzept

JSHandler.cs

Der JavaScriptHandler (JsHandler) ist für die Zusammenstellung des Codes für die Darstellung der Karte verantwortlich.

```
using System;
using System.Collections.Generic;
using System.Web;
using System.Text;
using MapsFeaturePackage.WebParts.Data;
using MapsFeaturePackage.WebParts.Interfaces;


namespace MapsFeaturePackage.WebParts
```

```
{
  /// <summary>
  /// Klasse mit statischen Funktionen, die Javascriptcode bereitstellen
  /// </summary>
  public static class JSHandler
  {
    #region Private Methods

    /// <summary>
    /// Gibt ein Javascript-Tag des übergebenen Codes zurück
    /// </summary>
    /// <param name="script"></param>
    /// <returns></returns>
    private static string GetJavascript(string script)
    {
      return "<script type=\"text/javascript\">" + script + "</script>";
    }
    /// <summary>
    /// Funktion, die den code für ein extern eingebundenes Javascript zurückgibt
    /// </summary>
    /// <param name="src"></param>
    /// <returns></returns>
    private static string GetJavascriptFromSrc(string src)
    {
      return "<script src=\"" + src + "\" type=\"text/javascript\"></script>";
    }
    /// <summary>
    /// Gibt den Div-Container für die Maps Fläche zurück
    /// </summary>
    /// <param name="width">Breite der Karte</param>
    /// <param name="height">Höhe der Karte</param>
    /// <returns></returns>
    private static string GetDivForMap(string id, int width, int height)
```

```
{
    return "<div id=\""+id+"\" style=\"width: " + width.ToString() + "px; height: " + height.ToString() + "px\"></div>";
}

/// <summary>
/// Funktion, die den JSCode für die BingMaps Eigenschaften wie Scale Control oder Api-Key zurückgibt
/// </summary>
/// <param name="props">Eigenschaften der Karte</param>
/// <returns>Javascriptcode</returns>
private static string GetStringForMapParameters(IGoogleMapsWebpartProperties props)
{
    StringBuilder retString = new StringBuilder();
    retString.Append(String.Format("new Array({0},{1},{2})",
                        props.MapScaleControl.ToString().ToLower(),
                        props.MapOverviewControl.ToString().ToLower(),
                        props.MapTypeControl.ToString().ToLower()));

    return retString.ToString();
}

#endregion

#region Public Methods

/// <summary>
/// Gibt den Javascript/HMTLCode für die Karte zurück
/// </summary>
/// <param name="configuration"></param>
/// <returns></returns>
public static string GetGoogleMap(IGoogleMapsWebpartProperties configuration)
{
    StringBuilder retString = new StringBuilder(); // Baut den Code für die Karte zusammen
    string startAddressJavascriptString = JSHandler.GetAddressAsJavascript(configuration.MapStartAddress);
```

```
    string parameterJavascriptString = JSHandler.GetStringForMapParameters(configuration);

            retString.Append(GetJavascriptFromSrc("http://maps.google.com/maps?file=api&amp;v=2&amp;key=" +      configuration.MapKey)); // Angabe
            der Google API-Adresse
    retString.Append(GetJavascript("$(document).ready(function() { initializeGoogleMap("
                        + GetAddressListAsJavascript() + ", "
                        + startAddressJavascriptString + ", "
                        + parameterJavascriptString +

                        ");});"));
    retString.Append(GetDivForMap("map_google_canvas", configuration.MapWidth, configuration.MapHeight));

    return retString.ToString();
}

/// <summary>
/// Gibt den Javascriptcode für die Darstellung der BingMaps Karte zurück
/// </summary>
/// <param name="props">Eigenschaften der Karte</param>
/// <returns>Gibt den Code für die BingMap zurück</returns>
public static string GetBingMap(IBingMapsWebpartProperties props)
{
    StringBuilder retString = new StringBuilder(); // Stringbuilder baut den String zusammen
    string startAddressJavascriptString = JSHandler.GetAddressAsJavascript(props.MapStartAddress);
    string parameterJavascriptString = "0";// JSHandler.GetStringForMapParameters(configuration);

    retString.Append(GetJavascriptFromSrc("http://dev.virtualearth.net/mapcontrol/mapcontrol.ashx?v=6.2"));
    retString.Append(GetJavascript("$(document).ready(function() { initializeBingMap("
                        + GetAddressListAsJavascript() + ", "
                        + startAddressJavascriptString + ", "
                        + parameterJavascriptString +

                        ");});"));
```

```
        retString.Append(GetDivForMap("map_bing_canvas", props.MapWidth, props.MapHeight));

        return retString.ToString();
    }

    /// <summary>
    /// Funktion, die den Adressstring für die initialzeMap Funktion bereitstellt
    /// </summary>
    /// <returns>Gibt die Adressliste als Javascript-Array zurück</returns>
    public static string GetAddressListAsJavascript()
    {
        List<Address> list = AddressHandler.GetAddressList(); // Adressliste aus Adresshandler
        StringBuilder retString = new StringBuilder(); // Baut den String zusammen
        retString.Append("new Array("); // Neues Javascript Array
        foreach (Address addr in list) // Adressen zufügen
        {
            retString.Append(JSHandler.GetAddressAsJavascript(addr) + ",");
        }
        retString.Remove(retString.Length - 1, 1);
        retString.Append(")");
        return retString.ToString();
    }
    /// <summary>
    /// Gibt eine Adresse in einem Javascript-Array zurück
    /// </summary>
    /// <param name="address">Adressdaten</param>
    /// <returns>Javascriptcode</returns>
    public static string GetAddressAsJavascript(Address address)
    {
        StringBuilder retString = new StringBuilder(); // Baut den String zusammen
        retString.Append("new Array("); // Array muss erzeugt werden, dass die Adresseigenschaften beinhaltet
        retString.Append("'" + address.Name + "',"); // Name
        retString.Append("'" + address.Street + "',"); // Strasse
```

```
            retString.Append("" + address.ZipCode + ", "); // PLZ
            retString.Append("" + address.City + " "); // Ort
            retString.Append(")"); // Abschliessende Klammer
            return retString.ToString(); // Rückgabe
        }

        #endregion

    }

}
```

Datenobjekt Adresse

Diese Klasse speichert die Adressdaten in den Feldern für Name, Straße, PLZ, Ort.

```
using System;
using System.Collections.Generic;
using System.Text;
using System.Runtime.Serialization;

namespace MapsFeaturePackage.WebParts.Data
{
    /// <summary>
    /// Klasse für eine Maps Adresse
    /// </summary>
    public class Address
    {
        #region Constructors
        /// <summary>
        /// Standart Konstrutor
        /// </summary>
        public Address()
        {
            // Benötigt keinen weitere Code
        }
        /// <summary>
        /// Konstruktor mit übergabe der Daten für die Adressfelder
        /// </summary>
        /// <param name="name">Name</param>
        /// <param name="street">Strasse</param>
        /// <param name="zipCode">PLZ</param>
        /// <param name="city">Ort</param>
        public Address(string name, string street, string zipCode, string city)
        {
```

```
        _name = name;
        _street = street;
        _zipCode = zipCode;
        _city = city;
    }
    #endregion

    #region Properties
    /// <summary>
    /// Name
    /// </summary>
    private string _name;

    /// <summary>
    /// Name
    /// </summary>
    public string Name
    {
        get { return _name; }
        set { _name = value; }
    }
    /// <summary>
    /// Ort
    /// </summary>
    private string _city;

    /// <summary>
    /// Ort
    /// </summary>
    public string City
    {
        get { return _city; }
        set { _city = value; }
```

```
        }
        /// <summary>
        /// PLZ
        /// </summary>
        private string _zipCode;

        /// <summary>
        /// PLZ
        /// </summary>
        public string ZipCode
        {
            get { return _zipCode; }
            set { _zipCode = value; }
        }
        /// <summary>
        /// Strasse
        /// </summary>
        private string _street;

        /// <summary>
        /// Strasse
        /// </summary>
        public string Street
        {
            get { return _street; }
            set { _street = value; }
        }

        #endregion
    }
}
```

F Komponenten der Entwicklungsumgebung

Komponente	Einsatz
Windows 2003 Server Professional	Virtualisiertes Hostsystem (4 GB RAM, 50 GB Festplattenspeicher, Netzwerk- und Internetzugang)
Visual Studio 2005 Professional	.NET Entwicklungsumgebung
WSP-Builder (VS Add-In)	Erstellt das Lösungspaket in einer definiertem SharePoint Deployment Format
Microsoft Windows SharePoint® Services 3.0	Plattformsystem für die Intranetanwendung
SQL Server 2005 Express	Datenbank-Engine für die Inhaltsverwaltung von Windows SharePoint® Services
.NET Framework 3.5	Laufzeitumgebung und Quellcodebibliothek für die Ausführung von .NET Code

F Komponenten der Entwicklungsumgebung

G Kundendokumentation

Die folgende Dokumentation beschreibt die Installation und Konfiguration des Maps-Lösungspakets zur Verwendung in einer Windows SharePoint® Services 3.0 Umgebung für einen Administrator (Abschnitt Installation, Aktivierung und Konfiguration) sowie für den Endbenutzer (Abschnitt Adressfunktionen)

Installation

Für die Installation des Lösungspakets sind folgende Vorbedingungen nötig.

- Remote Zugang zu einem beliebigen Webfrontend Server der Windows SharePoint® Services Anwendung
- Aktivierter SharePoint Administrationsdienst und SharePoint Anwendungsdienst

Installation und Konfiguration mit SharePoint Solution Installer

Der SharePoint Solution Installer (http://sharepointinstaller.codeplex.com/) wird mit dem Lösungspaket (SharePointMapsFeaturePackage.zip) mitgeliefert.

Für eine Standardinstallation des Lösungspakets müssen keine Einstellungen in der Konfigurationsdatei vorgenommen werden.

Die folgende Übersicht zeigt die Standard-Konfigurationseinstellungen

- BannerImage:
  Bild, dass im oberen Bereich des Installers erscheint
- LogoImage:
  Logo, dass im oberen Bereich des Installers erscheint
- EULA:
  Nutzungsbedingungen für die Verwendung des Lösungspakets
- Require:
  Einstellung, die die Verwendung von WSS oder MOSS explizit vorschreibt (Einstellung wird während des System-Checks überprüft
  Default: WSS
- SolutionID:
  Eindeutiger Global Unique Identifier des Lösungspakets
  Default:
- SolutionFile:
  WSP-Datei des Lösungspakets
  Default: MapsFeaturePackage.wsp

- SolutionTitle:
  Titel des Lösungspakets
  Default: Maps Lösungspaket
- Solution Version:
  Version des Lösungspakets (erscheint in den Feature Einstellungen in der SharePoint Webanwendung)
  Default: 1.0.0.0
- UpgradeDescription:
  Mitteilung, wenn die Lösung auf eine höhere Version herauf gestuft wird
- RequireDeploymentToCentralAdminWebApplication:
  Boolescher Wert, der angibt, ob das Paket auch in der Zentraladministration des SharePoint Anwendungsserver bereitgestellt werden muss
  Default: false
- RequireDeploymentToAllContentWebApplications:
  Boolescher Wert, der angibt, ob das Paket in allen Webanwendungen bereitgestellt werden muss
  Default: false

```
<?xml version="1.0" encoding="utf-8" ?>
<configuration>
  <appSettings>
    <add key="BannerImage" value="Default"/>
    <add key="LogoImage" value="None"/>
    <add key="EULA" value="EULA.rtf"/>
    <add key="Require" value="WSS"/>
    <add key="SolutionId" value="c4a27e60-8c67-4ee4-b2b4-dafd6b2584ed"/>
    <add key="SolutionFile" value="../MapsFeaturePackage.wsp"/>
    <add key="SolutionTitle" value="Maps Lösungspaket"/>
    <add key="SolutionVersion" value="1.0.0.0"/>
    <add key="UpgradeDescription" value="Stuft {SolutionTitle} auf allen Webfrontend Servern
                                          in der Farm herauf."/>
    <add key="RequireDeploymentToCentralAdminWebApplication" value="false"/>
    <add key="RequireDeploymentToAllContentWebApplications" value="false"/>
  </appSettings>
</configuration>
```

Abbildung 14: Setup.exe.config für die Einstellung der Installation mit SharePoint Solution Installer

Nach dem Start des Solution Installers überprüft das Setup, ob alle Anforderungen an die Installation erfüllt sind.

Das Setup überprüft ebenfalls, ob das Lösungspaket bereits installiert ist und bietet bei bereits erfolgter Installation eine Möglichkeit zur Reparatur oder Deinstallation.

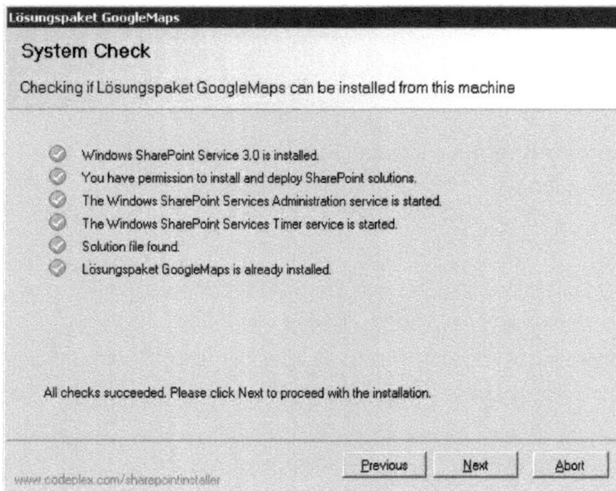

Abbildung 15: Systemcheck des Solution-Installers vor der Installation

Nachdem die Installation abgeschlossen ist, steht das Lösungspaket in den ausgewählten Webanwendungen zur Verfügung.

Aktivierung des Lösungspakets

Nach der Installation steht das Lösungspaket im Websitefeaturekatalog (Websiteaktionen->Websiteeinstellungen->Websitefeatures) jeder Website zur Verfügung.

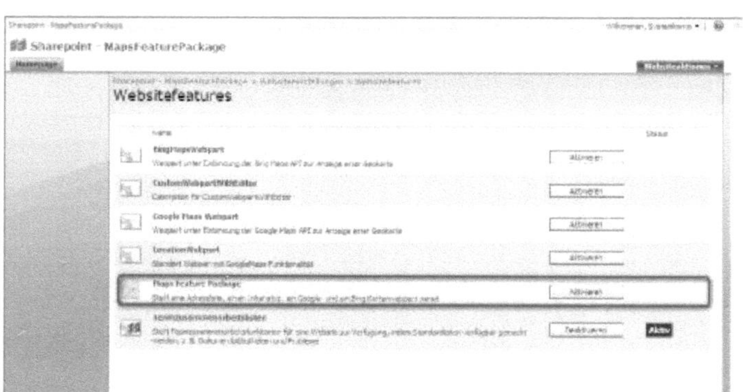

Abbildung 16: Aktivierung des Lösungspakets auf der Seite "Websitefeatures"

Hinweis:
Für die Verwendung des Maps-Lösungspakets ist das Feature „jQuery 1.3.2. für Windows SharePoint® Services“ nötig, dass vor der Aktivierung des Lösungspakets auf Ebene der Websitecollection aktiviert werden muss.

Abbildung 17: Fehlermeldung des SharePoint Systems, wenn das jQuery Feature nicht aktiviert ist

Das jQuery-Feature ist nicht Bestandteil des Maps Lösungspakets kann aber kostenfrei durch EVES-IT bezogen und installiert werden.
Mit diesem Feature wird das jQuery Framework in der Version 1.3.2 in das AdditionalPageHead Control im Scope „Site“ integriert und steht damit auf jeder SharePoint Inhaltsseite der SharePoint Websitecollection zur Verfügung.

Nach der Aktivierung des Lösungspakets im Katalog für Websitefeatures stehen folgende Funktionalitäten der der Website bereit:

- Bing Maps Webpart im Webpartkatalog
- Google Maps Webpart im Webpartkatalog
- Instanz der Maps Adressliste mit Verlinkung in der Quicklaunch
- Websiteinhaltstyp für Maps Adresslisteneinträge

Konfiguration

Einbindung der Webparts auf SharePoint Inhaltsseiten

Nach der Aktivierung des Maps-Lösungspakets kann wahlweise ein Google- oder ein BingMaps Webpart über die Auswahl aus dem Webpartkatalog (Websiteaktionen->Seite bearbeiten->Webpart hinzufügen) zugefügt werden.

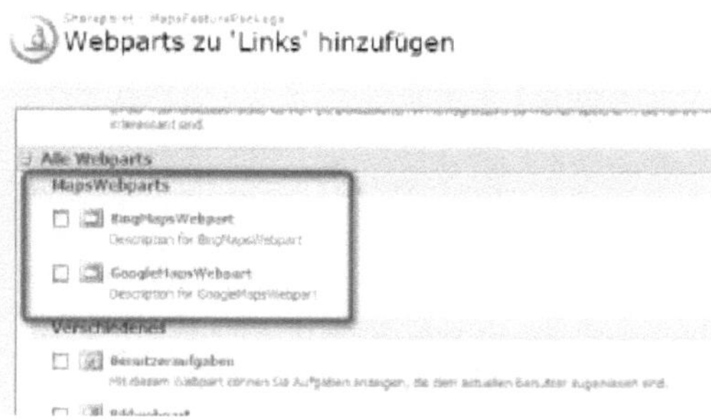

Abbildung 18: Auswahlmöglichkeiten zwischen Google- und BingMaps Webpart

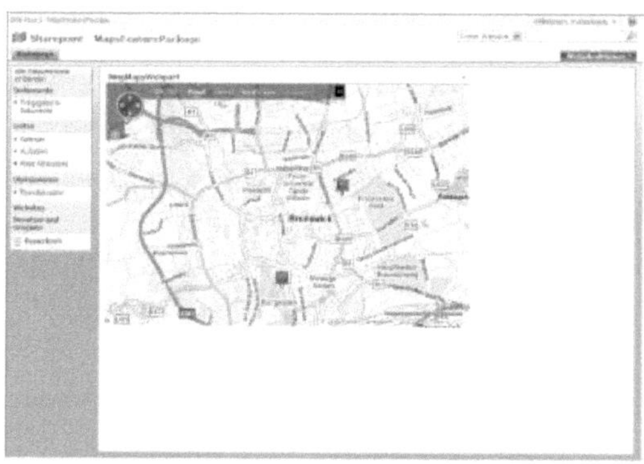

Abbildung 19: Einbindung des BingMaps Webparts in eine SharePoint Inhaltsseite

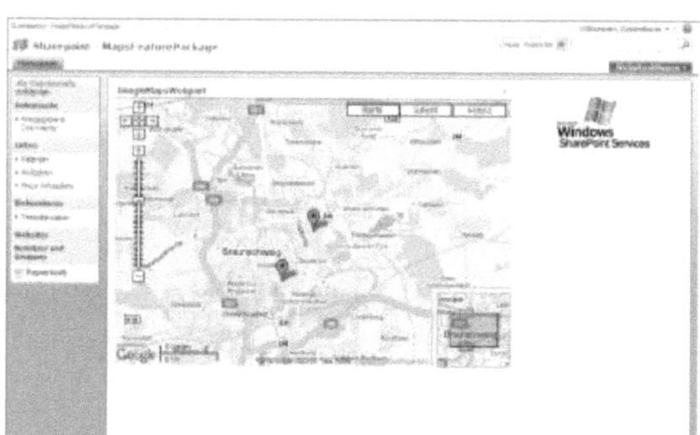

Abbildung 20:Einbindung des BingMaps Webparts in eine SharePoint Inhaltsseite

Anlegen von Adressen in der Maps Adressliste

Die Maps Adressliste ist über ein Link in der linken Quicklaunch-Navigation in der SharePoint Webseite erreichbar, für die das Lösungspaket aktiviert wurde.

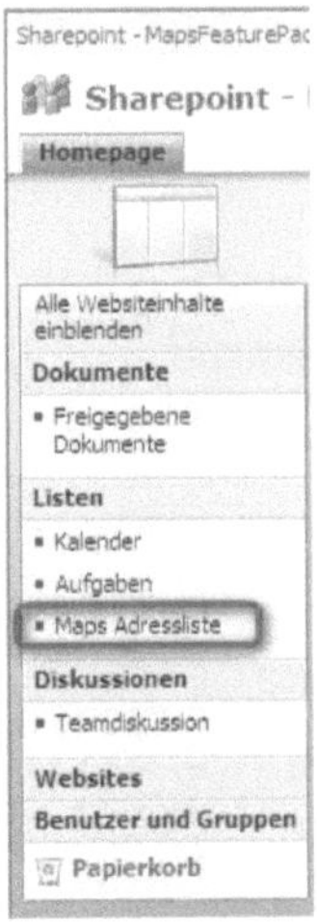

Abbildung 21: Link zur Maps Adressliste in der SharePoint Quicklaunch

Neue Adressen können durch einen Klick auf „Neu“ in der Listen-Toolbar zugefügt werden.

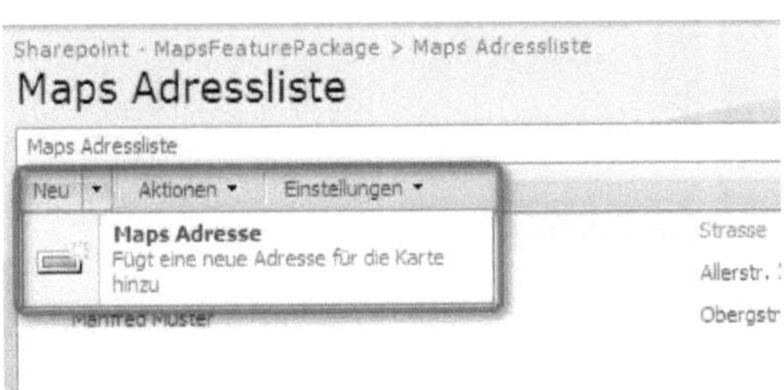

Im Eingabeformular für eine neue Adresse sind alle erforderlichen Felder auszufüllen. Das Eingabeformular kann erst durch Klick auf „OK“ abgesendet werden, wenn alle Daten korrekt eingeben werden.

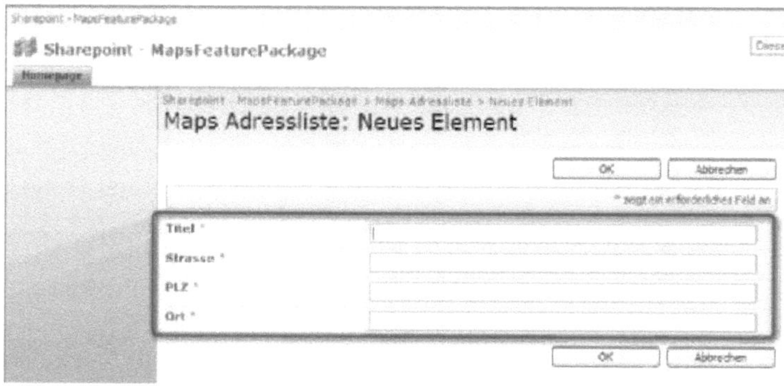

Abbildung 22: Eingabeformular für neue Maps-Adressen

Bearbeiten von Adressen in der Maps-Adressliste

Die gleiche Vorgehensweise ist für die Änderung bereits angelegten Adressen vorzunehmen. In der Adressliste muss darf der entsprechende Eintrag ausgewählt und angepasst werden.

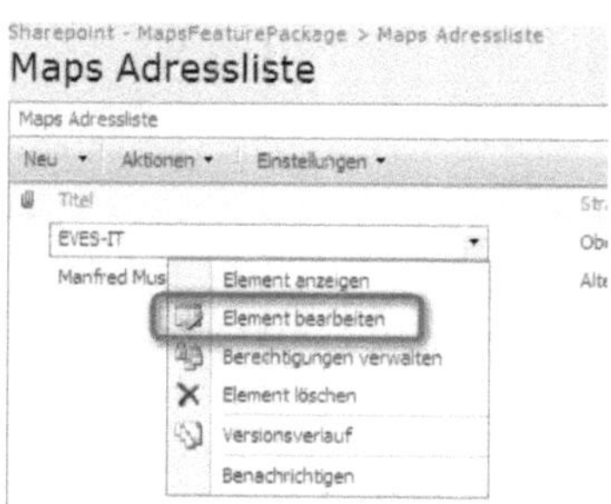

Abbildung 23: Bearbeiten eines Listeneintrags in der Maps-Adressliste

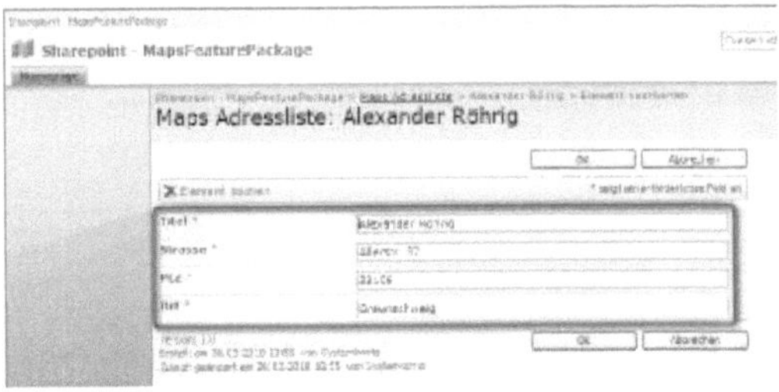

Abbildung 24: Editierungsformular für vorhandene Adressen

Die mit dem Feature bereitgestellt Liste unterstützt eine Versionierung.

Änderungen an den Adressdaten werden automatisch in eine neue Version übernommen.

Alte Versionen können über die Versionshistorie des Listeneintrags reaktiviert werden.

Deaktivierung der Features

Das Feature des Lösungspakets kann vollständig deaktiviert werden.

Danach werden folgende Komponenten aus der SharePoint Website entfernt:

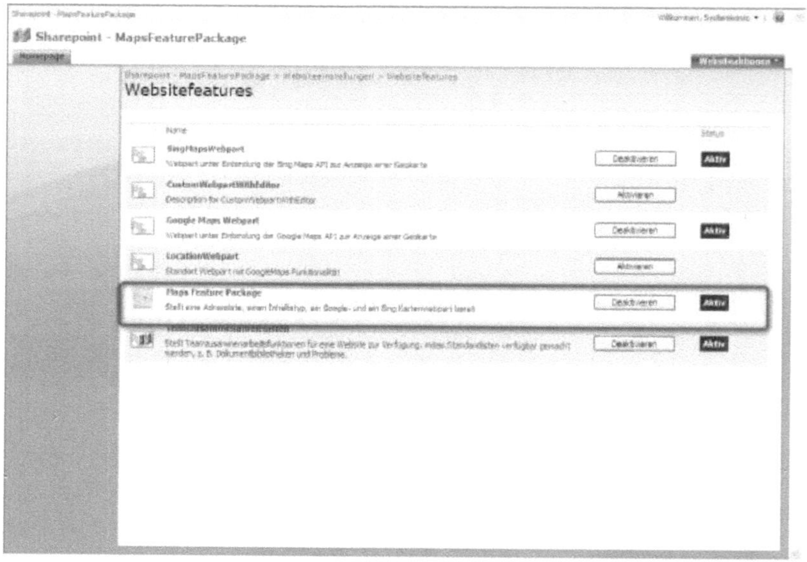

Abbildung 25: Deaktivierung des Maps Lösungspakets über die Seite „Websitefeatures"

Wahlweise können die Maps Webparts auch einzeln deaktiviert werden.

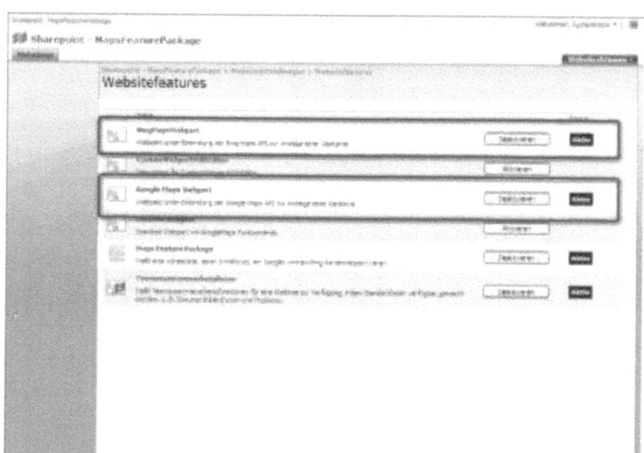

Abbildung 26: Deaktivierung einzelner Kartenwebparts

Sicherheit

Das SharePoint System bietet eine bereits eingebaute Sicherheitsfunktion für den Zugriff auf die Funktionalitäten des installierten und aktivierten Lösungspakets.

Die Einstellungen für die Berechtigungen können von SharePoint Administratoren, die Zugriff auf die Einstellungen zur Benutzerberechtigung haben eingestellt werden.

Der Zugriff auf personenbezogende Adressdaten ist daher jederzeit durch eine bereits im SharePoint System integriert Sicherheit auf Basis der Windows Authentifizierung oder anderer benutzerdefinierter Authentifizierungsmodelle möglich.

Die für die jeweilige SharePoint Website voreingestellten Benutzerberechtigungen werden automatisch auf die Maps Adressliste vererbt. In den Webparts werden nur Adressdaten visualisiert, auf die der Benutzer aufgrund der Berechtigungen auf die Maps-Adressliste auch Zugriff hat.

Die Berechtigungen auf die Maps-Adressliste können jederzeit explizit durch Aufbrechen der Berechtigungshierarchie gesetzt werden. Die einzelnen Adressdatensätze erhalten dann durch Vererbung automatisch diese Berechtigungsinformationen.

Soll eine Berechtigung auf einen einzelnen Datensatz in der Maps Adressliste gesetzt werden ist dies ebenfalls durch eine eingebaute Funktionalität des SharePoint Systems möglich.